"老小孩"的智能生活

网上金融

吴含章 编著

上海科学普及出版社

图书在版编目(CIP)数据

网上金融/吴含章编著.—上海:上海科学普及出版社,2018.8
("老小孩"的智能生活)
ISBN 978-7-5427-7251-0

Ⅰ.①网… Ⅱ.①吴… Ⅲ.①互联网络—应用—金融—中老年读物 Ⅳ.①F830.49-49

中国版本图书馆 CIP 数据核字(2018)第 149362 号

责任编辑　刘湘雯
美术编辑　赵　斌
技术编辑　葛乃文

"老小孩"的智能生活
网上金融
吴含章　编著
上海科学普及出版社出版发行
(上海中山北路 832 号　邮政编码 200070)
http://www.pspsh.com

各地新华书店经销　上海丽佳制版印刷有限公司印刷
开本 889×1194　1/16　印张 4.25　字数 120 000
2018 年 8 月第 1 版　2018 年 8 月第 1 次印刷

ISBN 978-7-5427-7251-0　　定价:36.00 元

《"老小孩"的智能生活》丛书编委会

主　编　吴含章

编　委　高声伊　茅建平　栾学岭

　　　　陈伟如　郑佳佳

编者的话

互联网的迅速发展正日新月异地改变着我们的生活，从老年人到儿童，互联网深深地渗入了每个人的生活中。为了让老年人改变以往传统的生活习惯，尽快融入网络生活，我们以"记录生活、便捷生活、快乐生活"为主线，引导老年朋友一起享受信息时代新科技带来的红利。通过学习和实践，老年朋友也可以和年轻人一样，应用智能手机方便自己的生活。

在开始进入网络生活前，老年人要克服畏难情绪，只要有一部智能手机，只要有无线互联网，那么一切都变得非常简单。当然，你还要有一群志同道合的"网友"，互帮互学，不但学会用手机解决日常生活所需，还能够根据兴趣爱好或者共同的经历组成小组，一起学、一起玩，享受网络生活带来的便利和乐趣。

目　录

第一章　什么是网络交易　1

第二章　网上银行　7

第三章　网上购物　23

第四章　支付宝　41

《"老小孩"的智能生活》丛书，正文内使用的照片由上海科技助老服务中心提供，由《"老小孩"的智能生活》丛书作者授权出版社使用。

第一章　　什么是网络交易

一、定　义

随着电子信息时代的到来，从20世纪90年代后，通过互联网完成的交易与日俱增，现在大多数商品和服务均可在互联网上交易。

根据商务部2007年第19号所发布《关于网上交易的指导意见（暂行）》："网上交易是买卖双方利用互联网进行的商品或服务交易。"

二、特　点

以现代信息技术服务作为支撑体系。现代社会对信息技术的依赖程度越来越高，现代信息技术服务业已经成为网络交易的技术支撑体系。

1. 网络交易运作空间

以网络虚拟市场为运作空间。网络虚拟市场是指商务活动中的生产者、中间商和消费者在某种程度上以数字方式进行交互式商业活动的市场。网络虚拟市场从广义上来讲就是电子商务的运作空间。近年来，西方学者给电子商务运作空间赋予了一个新的名词"Marketspace"（市场空间，或虚拟市场），在这种空间中，生产者、中间商与消费者用数字方式进行交互式的商业活动，创造数字化经济。网络虚拟市场将市场经营主体、市场经营客体和市场经营活动的实现形式，全部或部分地进行电子化、数字化或虚拟化。

2. 网络交易市场范围

以全球市场为市场范围。网络交易（电子商务）的市场范围超越了传统意义上的市场范围，不再具有国内市场与国际市场之间的明显标志。其重要的技术基础——国际互联网，就是遍布全球的，因此世界正在形成虚拟的电子社区和电子社会，需求将在这样的虚拟网络社会中形成。同时，个人将可以跨越国界进行交易，使得国际贸易进一步多样化。从企业的经营管理角度看，国际互联网为企业提供了全球范围的商务空间。跨越时空，组织世界各地不同的人员参与同一项目的运作，或者向全世界消费者展示并销售刚刚诞生的产品已经成为企业现实的选择。

3. 网络交易服务范围

以全球消费者为服务范围。网络交易（电子商务）的渗透范围包括全社会的参与，其参与者已不仅仅限于提供高科技产品的公司，如软件公司、娱乐和信息产业的工商企业等。当今信息时代，电子商务数字化的革命将影响到每一个人，并改变着人们的消费习惯与工作方式。世界经济的发展进入"创新中心、营运中心、加工中心、配送中心、结算中心"的分工，随之而来的发展是人们的数字化生存，因此网络交易（电子商务）实际是一种新的生产与生活方式。今天网络消费者已经实现了跨越时空界限在更大的范围内购物，不用离开家或办公室，人们就可以通过进入网络电子杂志、报纸获取新闻与信息，了解天下大事，并且可以购买到日常用品、保险等一切商品或劳务。

4. 网络交易高效运营

以迅速、互动的信息反馈方式为高效运营的保证。通过电子信箱、FTP、网站等媒介，网络交易（电子商务）中的信息传递告别了以往迟缓、单向的特点，迈向了通向信息时代、网络时代的重要步伐。在这样的情形下，原有的商业销售与消费模式正在发生变化。由于任何国家的机构或个人都可以浏览到上网企业的网站，并随时可以进行信息反馈与沟通，因此国际互联网为工商企业从事电子商务的高效运营提供了国际舞台。

5. 网络交易安全保证

以新的商务规则为安全保证。由于结算中的信用瓶颈始终是网络交易（电子商务）发展进程中的障碍性问题，参与交易的双方、金融机构都应当维护电子商务的安全、通畅与便利，制订合适的"游戏规则"就成了十分重要的考虑。这涉及各方之间的协议与基础设施的配合，才能保证资金与商品的转移。

三、交易流程

1. 用户注册

网络消费者在第一次访问所选定的网上交易进行交易时，先要在该网络平台注册身份信息、联系方式、地址等必要的用户信息，以方便在网上交易平台进行相关的操作。

2. 浏览产品或服务

网络消费者通过网上交易平台提供的各种功能和搜索方式，如产品组合、关键字、产品分类、产品品牌查询等对该平台的产品或服务进行查询和浏览。

3. 选择产品

通过浏览查询和比较，选择愿意交易的产品或服务，确认交易数量、金额、物流信息等。

4. 进行交易

选择支付方式，支付后完成交易。

5. 后续服务

由商家提供物流、售后等服务。

以上介绍了网络交易的概念、特点和流程。下面我们用三个章节分别介绍三个最具代表性的网络交易。

第二章　网上银行

网上银行又称网络银行、在线银行或电子银行，它是各银行在互联网中设立的虚拟柜台，银行利用网络技术，通过互联网向客户提供开户、销户、查询、对账、行内转账、跨行转账、信贷、网上证券、投资理财等传统服务，使客户足不出户就能够安全、便捷地管理活期和定期存款、支票、信用卡及个人投资等。网上银行的特点是客户只要拥有账号和密码，便能在世界各地通过互联网，进入网络银行处理交易。

下面我们用上海银行手机银行为例，来介绍一下网上银行的操作。

一、自助开通手机银行

苹果手机用户进入App Store，搜索"上海银行手机银行"并下载安装。安卓手机用户在华为应用市场、360手机助手、应用宝等应用平台中，搜索"上海银行手机银行"并下载安装。

下载安装后，手机桌面会有 图标，要使用上海银行手机银行APP，点击此图标即可进入首页。

首先、申请开通手机银行。在开通手机银行之前，用户需要开立上海银行个人账户，包括活期一本通、配折

卡、电子借记卡或信用卡账户。

　　第一步，在首页上点击右下角的"更多"选择"自助注册"，点击"自助开通手机银行"，如果你的银行卡有带芯片的IC卡，那么选择"我有金融IC卡"。

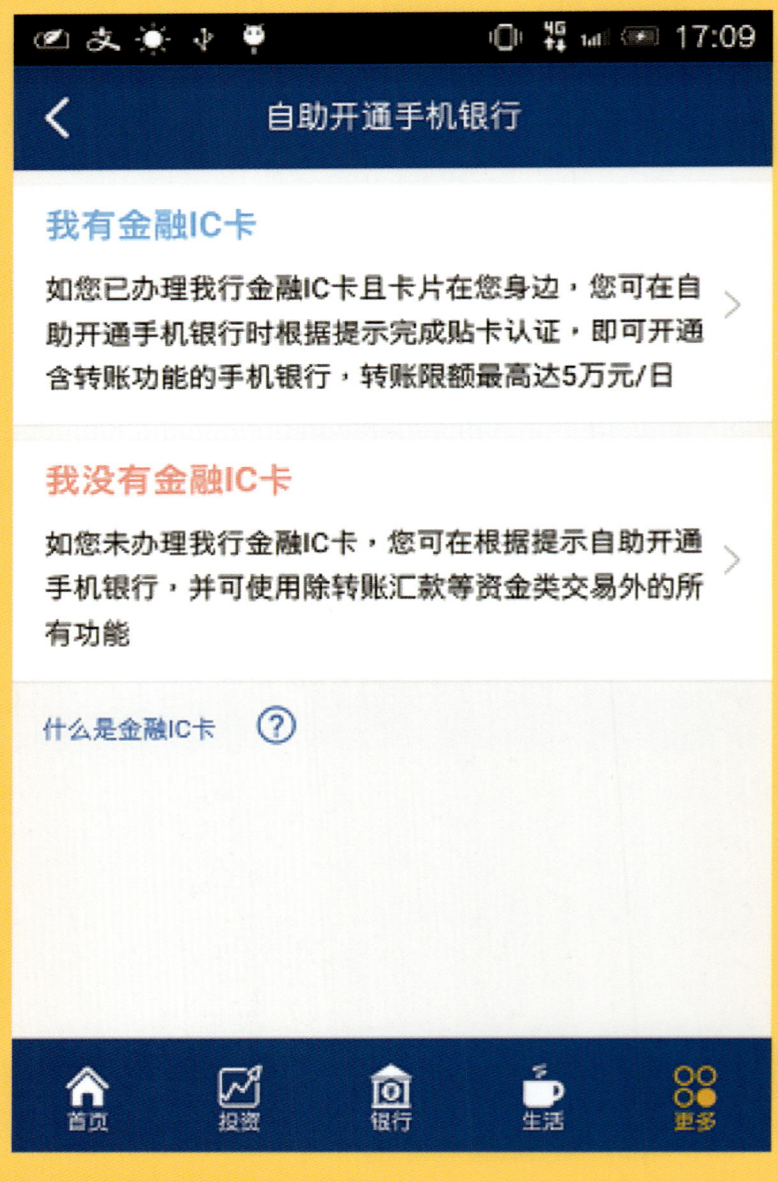

第二步，阅读并接受《上海银行个人电子银行服务协议》、《隐私保护政策》，点击"接受"。

第三步，输入准备开通手机银行的手机号，输入附加码，获取并输入短信动态密码后，点击"下一步"。

若用户已开通上海银行其他电子渠道且手机号在系统中唯一，此时将自动回显用户的账户信息和姓名，确认无误后，输入证件信息、账户密码（使用信用卡开通手机银行时，需输入信用卡查询密码）；

· · · 第四步，输入银行卡账户、姓名、银行卡账户密码以及身份证号后，点击"下一步"；

第五步，确认刚才输入的个性信息及银行卡信息没有错误后，自己设置并输入手机银行的密码，要重复输入两遍。（请牢记或者用小本子记录下密码，以免忘记。）点击"确认"。

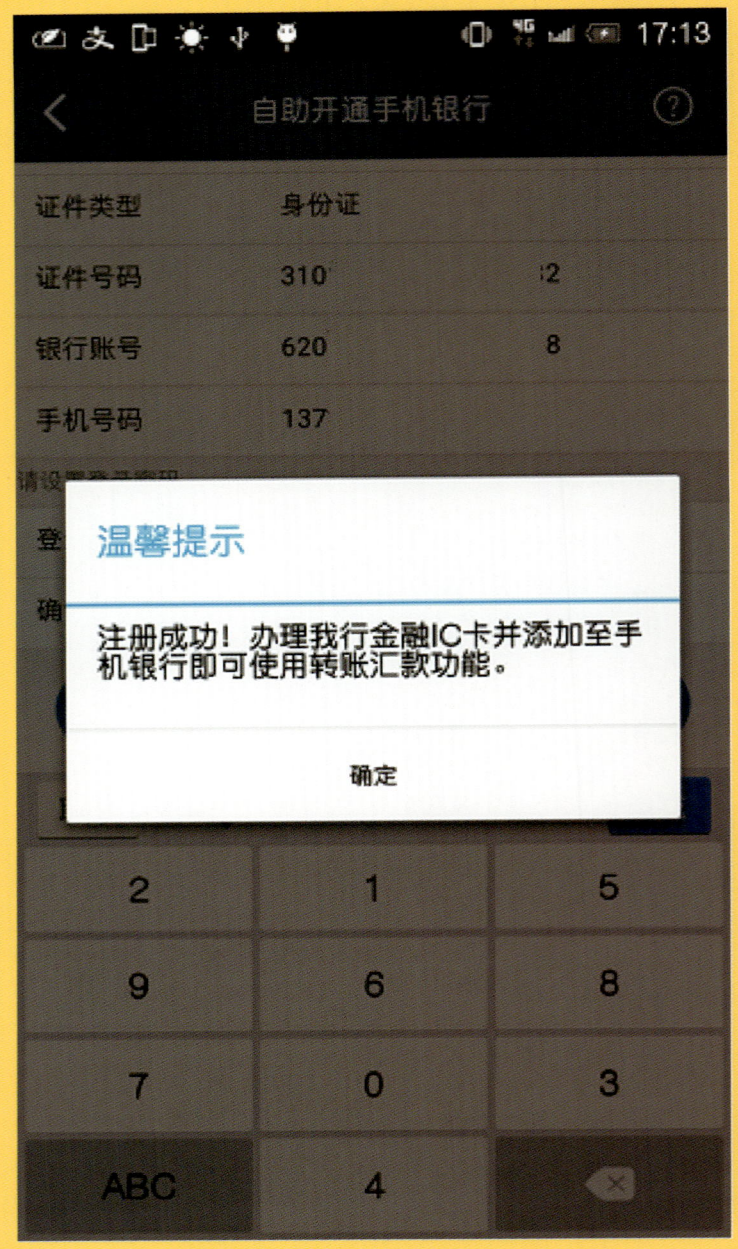

　　注册成功后，用户就可以在手机上办理账户查询、转账汇款、投资理财、信用卡、网点预约等业务了。

　　如果觉得这样的操作比较麻烦，还可以持本人身份证件和上海银行个人账户，直接到上海银行任意营业网点签约开通手机银行。

二、使用手机银行

手机银行的功能很多，常用的有账户查询、转账汇款、理财产品购买。

1. 账户查询

在首页选择"我的账户"，点击后，捆绑在手机银行个人名下的所有账户的信息（包括储蓄卡、信用卡）都会显示出来。

2. 转账汇款

在首页选择"转账汇款",点击后,有多个选择,其中有两个主要功能,包括:"转给自己"(向本人上海银行的账户转账)、转给他人(向他人账户或本人他行账户转账)。选择需要转账给他人后,填写账户名、账号、转账金额、验证码和手机支付密码后,转账就完成了。

3. 购买理财产品

在首页中选择"投资"栏目,即可进入理财,查询理财产品的信息,选择中意的理财产品,即可在手机上下单购买了。

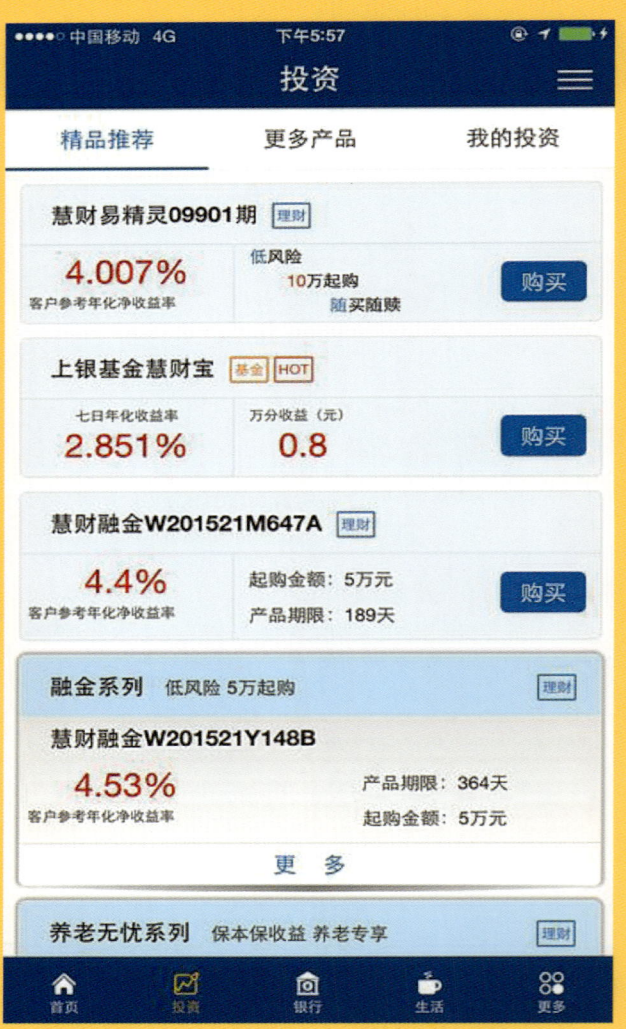

三、手机银行安全指引

1. 个人手机银行用户安全提示

（1）妥善保管好手机和登录密码。这是手机银行进行业务交易的依据和安全保障。

（2）设置合理的转账支付限额。如预期在一段较长时期内不进行对外转账，建议将转账功能关闭，更好地保障资金安全。

（3）开通短信通知服务。有助于及时了解账户资金变动情况，增强交易的安全强度。

（4）提高警惕谨防欺诈。请务必通过合法途径安装手机银行的客户端，不要轻信一些所谓"完美版"、"破解版"的二次打包软件，防止其中隐藏的病毒木马程序。

（5）养成良好的安全习惯。使用完手机银行后，随手点击退出按钮，收到不明来历的短信或彩信不要随意开启应立即删除；安装手机安全软件，并定期更新；遇到任何怀疑或问题及时拨打银行客户服务电话。

2. 上海银行的安全措施

为保障个人手机银行交易的安全，上海银行采取了一系列的安全措施：

（1）信息安全。手机银行全程对通信数据进行加密；如客户关闭手机银行客户端，则直接关闭应用服务，自动退出系统；同一客户在其他设备登录，原已登录的客户将自动被退出；登录后15分钟无任何操作，则自动超时退出。

（2）密码安全。对手机银行登录密码连续输错的次数进行了控制，超过次数将自动锁定；规定了密码复杂度的要求。在自助注册的方式下，手机银行登录密码必须包含字母和数字的组合，同时对简单密码进行了控制；客户如更换设备或更换用户登录手机银行，需重新验证身份，确保安全。

（3）资金安全。只有短信验证码版手机银行客户才可进行行内转账（含本人账户互转）以及跨行转账功能；对个人手机银行的转账汇款规定了账户单笔转账限额和客户日累计转账限额，客户可在限额范围内自行设置自己的转账额度；如发生手机设备遗失或密码泄露等情况，客户可通过银行网点或个人网银，暂时关闭手机银行功能，确保资金安全。

四、上海银行美好生活手机银行

美好生活手机银行APP是专门为50岁以上老年人定制开发的,有字体大、功能实用、特惠产品推荐等特点,提供简便查询、掌上存折、理财、养老优惠等精选手机银行服务。

（一）便捷查询

（1）支持存折、借记卡、存单、定期一本通等账户的存款查询，包含活期、定期、利生利、定活两便等存款类型。

（2）支持客户名下理财和基金的持有份额查询。

（3）支持存折、借记卡、定期一本通等账户的交易明细查询。

（二）定活互转

支持使用电子借记卡进行"活期转定期"和"定期转活期"。

（三）优惠查询

支持养老金融相关优惠活动、特色产品和增值服务的查询。

五、美好生活手机银行与个人手机银行的区别

美好生活手机银行和目前个人手机银行是上海银行个人手机银行服务的两种服务客户端，客户只需开通个人手机银行服务，即可同时使用这两种客户端。

美好生活手机银行客户端相对个人手机银行客户端功能服务更为精简，使用体验更符合50岁以上客户的使用习惯。

六、使用手机银行的常见问题

（一）一个手机号码可以签约多名客户的手机银行吗？

不行，一个手机号码只能签约一名客户的手机银行。

（二）如何能判断下载的手机银行客户端是真实的？

从银行网站上下载客户端软件是最安全的。通过短信、彩信、邮件或其他网站提供的链接地址登录或下载客户端软件都是不安全的。

（三）手机银行收费吗？

目前上海银行个人手机银行不收取任何费用，因访问上海银行手机银行产生的数据流量费用，由移动运营商向上海银行收取。

（四）如果遗失手机了怎么办？

如不慎遗失手机，用户可通过通信运营商服务热线报停手机号码，手机银行即被暂停使用。用户也可持本人有效身份证件至银行营业网点或通过个人网银证书版，暂时关闭手机银行渠道。

（五）如果手机换号了怎么办？

用户可以至营业网点或通过个人网银证书版进行手机银行签约手机号修改，将签约手机号修改为新的手机号码即可正常使用。

第三章　网上购物

随着电子商务的普及，网上购物已经成为人们购物的一个重要渠道。网上的东西琳琅满目，品类繁多，"只有你想不到的，没有你买不到的"，而且网上的商品有着十分明显的价格优势。每年的双十一、618等网上购物节已经成为购物狂欢。本章节就以"京东"为例，来一步步教会读者网上购物。

一、注册与登录京东

使用"京东"需要先有京东APP，现在一般手机上都会安装好。如果手机上没有，可以通过苹果APP STORE、应用宝、360手机助手等平台下载安装。想要用京东网购，那就需要先有一个账号。要怎么操作呢？

第一步：打开"京东"APP，进入京东页面，点击屏幕右下角"我的"。

第二步：在"我的"页面中点击"登录/注册"，随后根据提示步骤进行操作。若已注册过，可直接通过手机号码"登录"。

第三章　网上购物

第三步：阅读注册协议及隐私政策，点击"同意"。

第四步：在"手机快速注册"填写用户的手机号，并点击下一步。

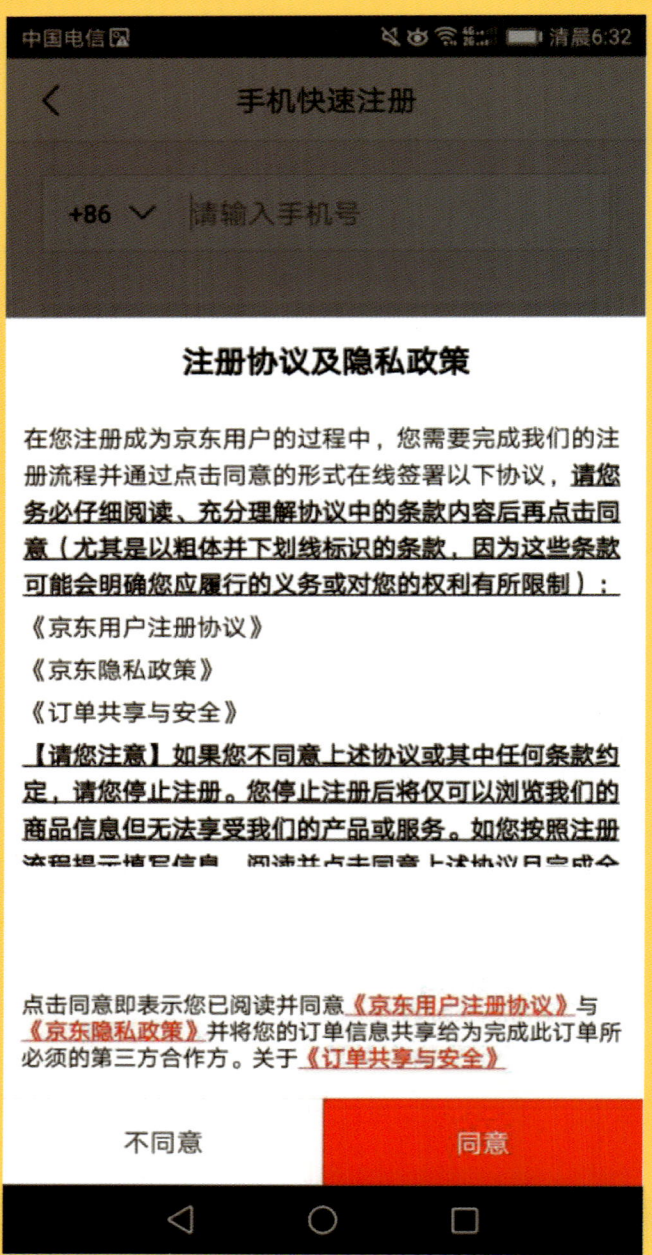

第五步：在"请输入验证码"文本框中输入由"京东"发给你的注册短信验证码，点击下一步。

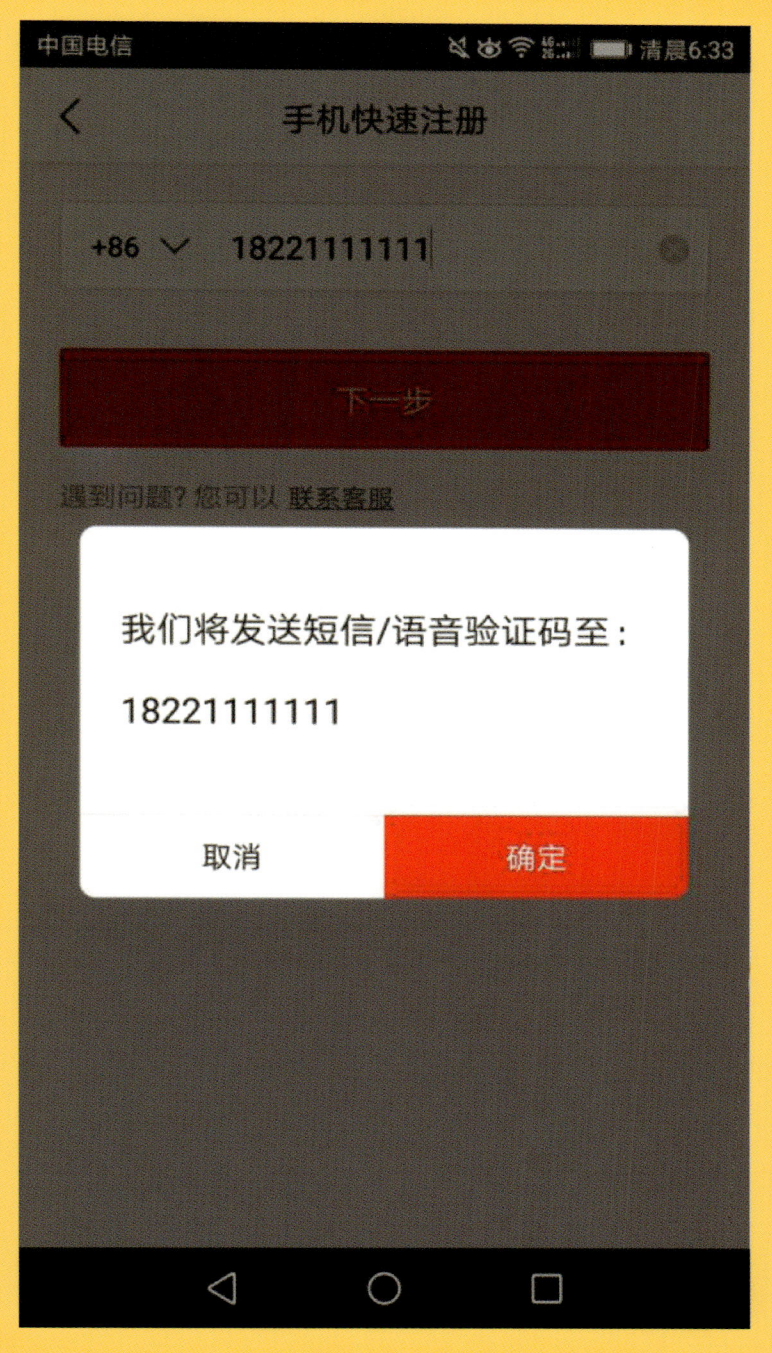

第六步，输入并牢记"登录密码"，同时输入用户自己设置的会员名后点击"确定"，注册就大功告成了。

"老小孩"的智能生活 * 网上金融

28

二、逛京东网上商城

打开京东APP后,开始从首页逛起。首页广告下方第一栏可以选择去逛的"目的地",如:想买日用百货、调味品

等可以进"京东超市"里逛逛，里面的产品不比大型超市少；想买海外产品可以进"全球购"里逛逛；想买衣帽服饰可以进"京东服饰"里逛逛；想买菜、鸡鸭鱼肉、水果等可以进"京东生鲜"里逛逛；想买急需的东西又要快速送货，可以进"京东到家"里逛逛，那里承诺一小时到家。

首页第二栏是淘便宜货的地方，有"京东秒杀"、"品类秒杀"、"品牌秒杀"，每小时都有不同的商品秒杀，可以去里面逛逛，看看是否有心仪的商品。

再往下就是京东根据用户的购物记录自动推荐的产品了，拉下去看看，也许也会有惊喜。

假如购物的目标很明确，就想买某一件商品，那么就可以用京东的搜索功能。在京东首页的第一行就是搜索功能。输入需要的商品名，点击搜索，就会出来不同品牌不同型号的所有跟这个商品名相关的商品，可以从中挑选。

如，搜索"护踝"，下面会出现跟"护踝"相关的所有商品，用户可以根据销量的多少、价格的高低来排序，也可以点击"筛选"，设定想要商品的品牌、价格区间等条件后，点击"确认"，下方显示的商品就会根据筛选要求来呈现，缩小了寻找范围。

第三章 网上购物

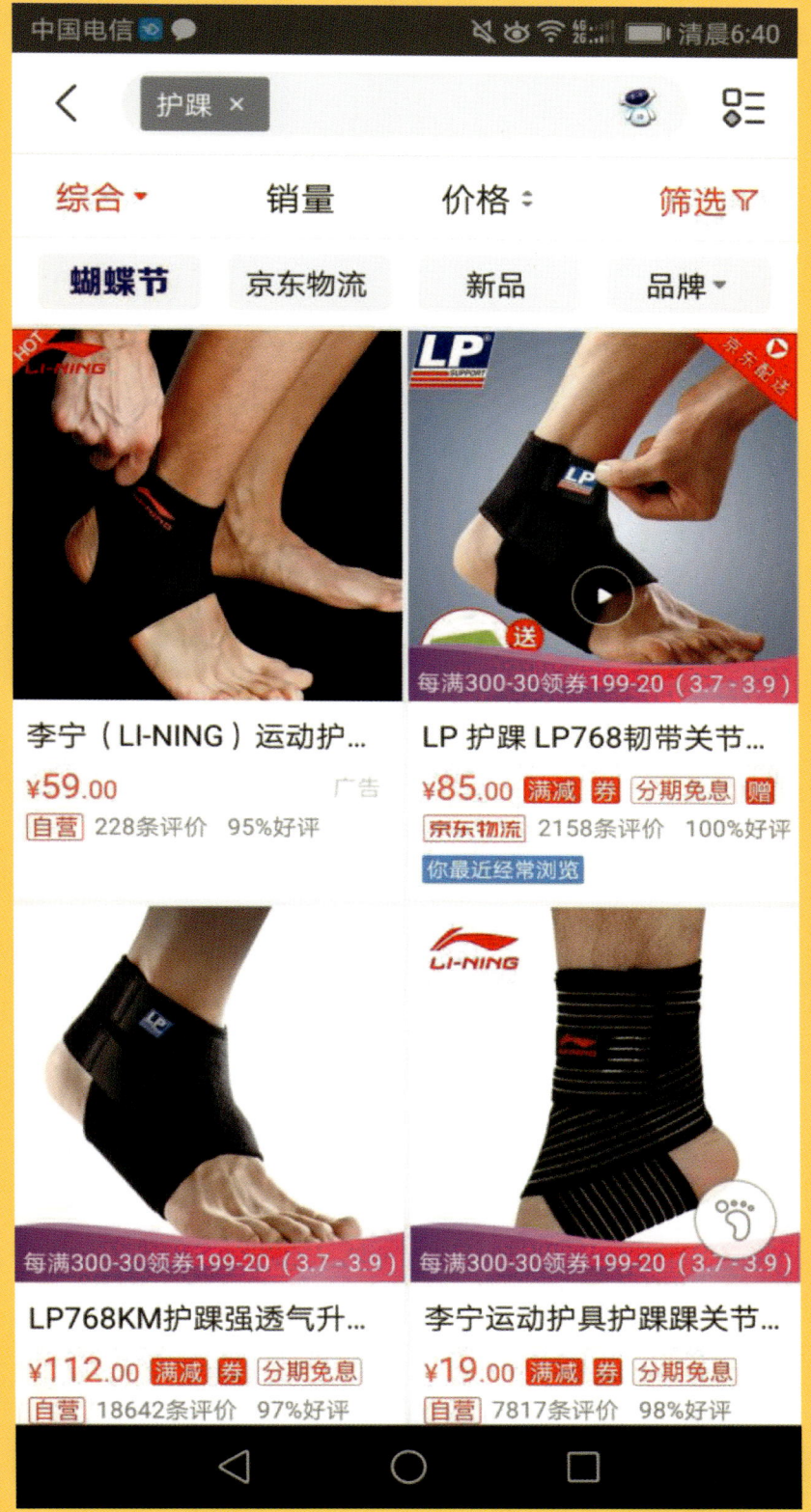

首页最下方的一栏是四个选项。其中第二个是分类，点击分类，会出现京东商城所有的商品分类。可以从分类开始逛京东。

三、挑选商品

挑选商品一看销量，二看口碑，三看价格。再拿"护踝"这个商品来做案例。在琳琅满目的各类护踝商品中怎样挑选到质优价廉的商品呢？我们先用筛选功能，缩小商品选择范围，再选用排序功能。

我们填入价格区间"50~100元",选择"LP"品牌,选择功能特点"防护",选择适用人群"男",选择适用运动"足球",点击"确认"。再显示出来的商品就是根据这些条件筛选后的商品了。然后根据销量排序,越多人买的商品越值得去看看。

选择商品时还要看评价,在每个显示出的商品概览中有评价的条数,也有好评率。选择一个评价条数多,好评率高的产品点击进去看看。如果对于送货上门的时间有要求,最好选择"京东物流"送货的商品。另外,京东商城的商品分"自营"和"非自营",选择京东"自营"商品更有保障。

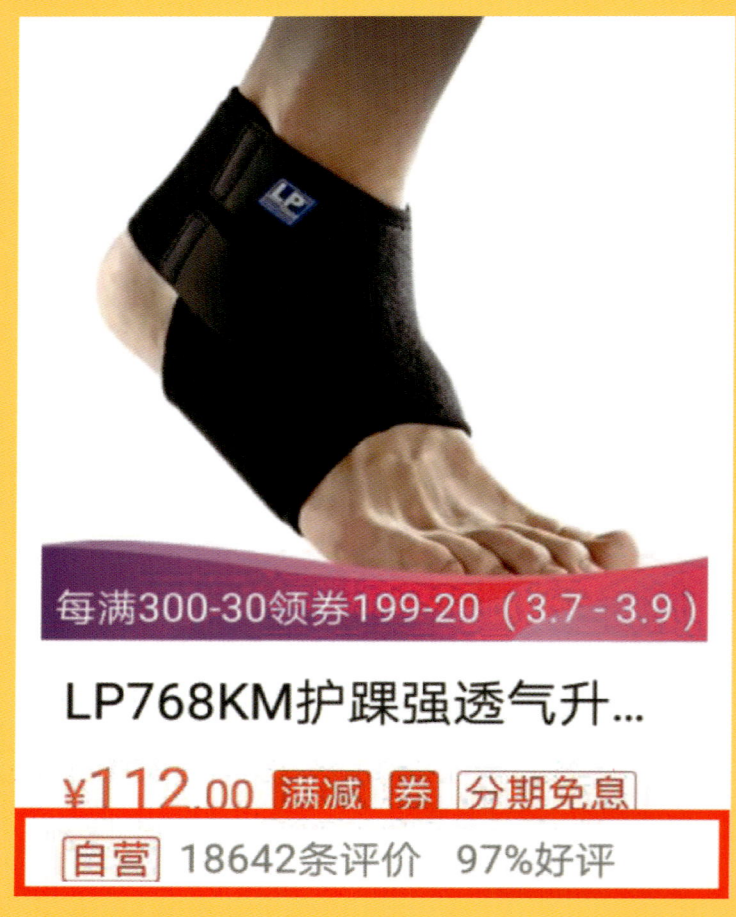

根据自己的偏好以及好评率高等条件选择商品后，就可以点击进去看看这个商品的详情了。

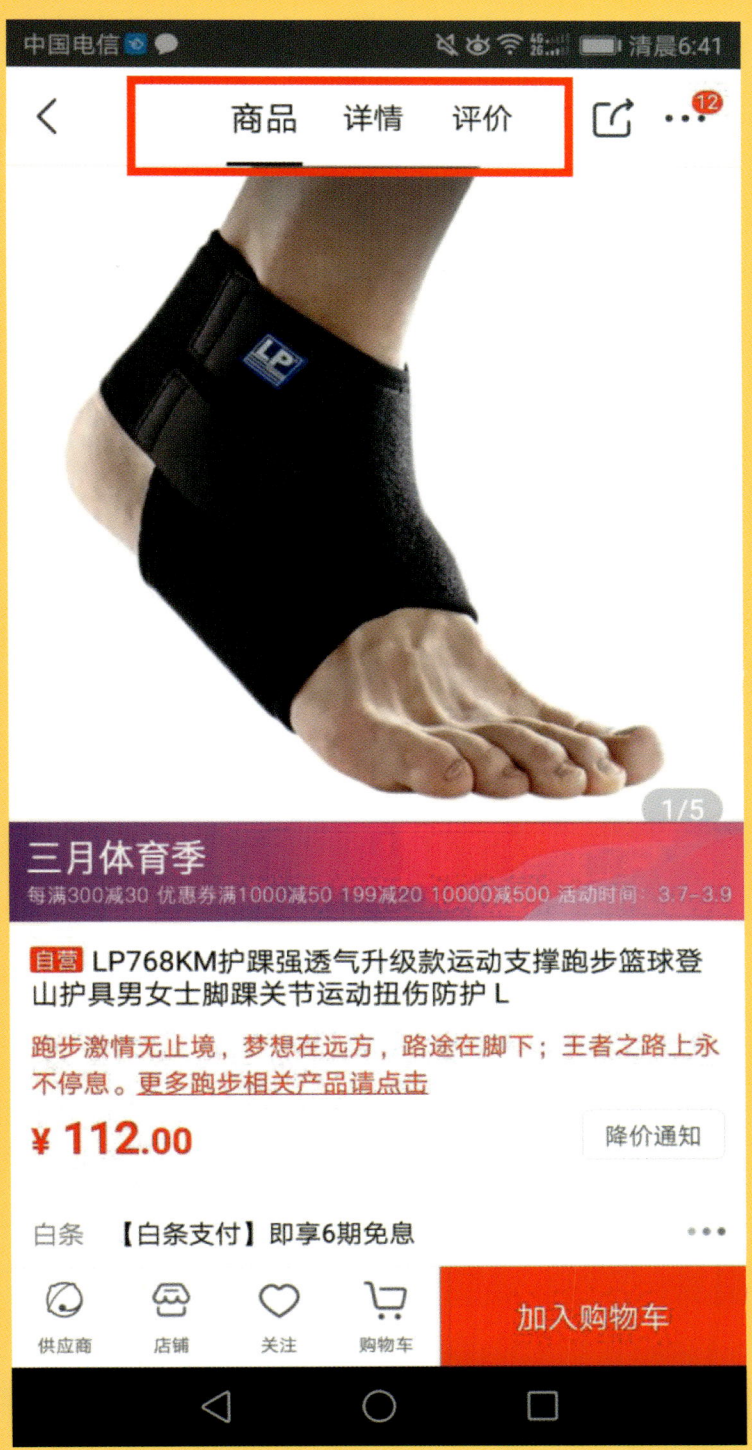

首先点击进入"详情"，可以查看这个商品图文并茂的详细介绍，有些商品还有视频介绍。根据这些介绍，看看是

否能满足自己的需要。

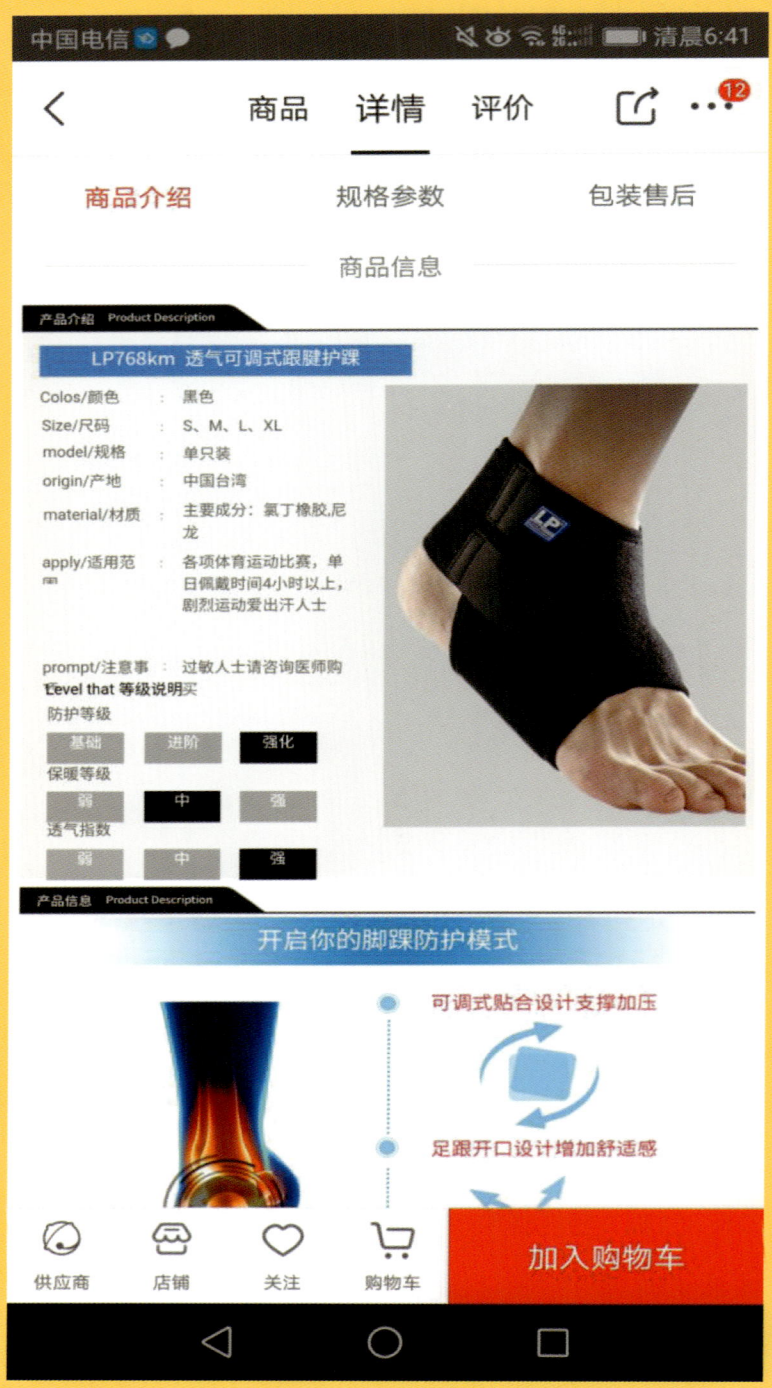

　　如果这个商品完全满足自己的需要,先别急着加入"购物车",再去看看买过这个商品的其他人对这个商品的评价。看评价时有个小技巧就是重点看"差评"和"中评",看看里面评价的内

容是否有说到自己不能接受的问题，如果有，那么就果断放弃。

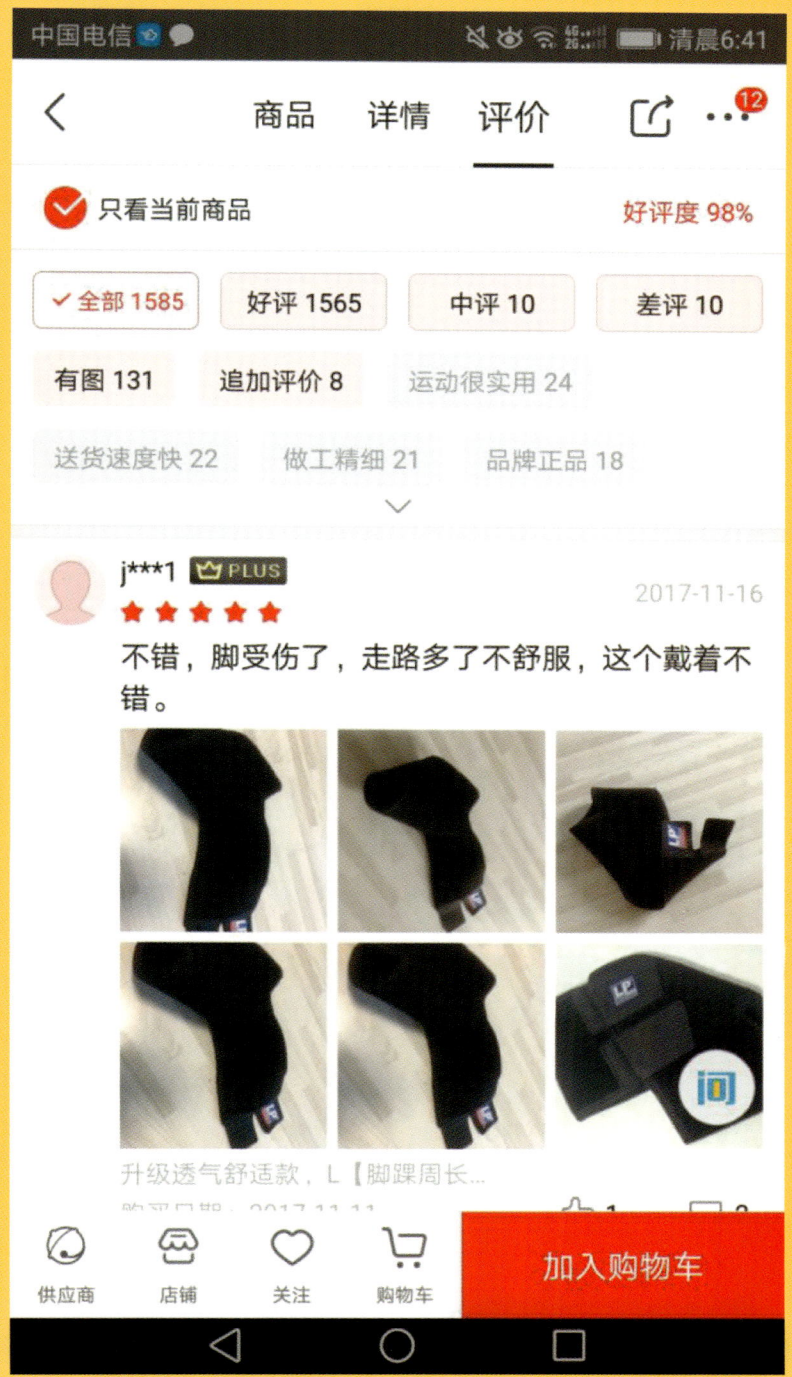

　　经过再三比较后，把最满意的商品加入"购物车里"。这样挑选商品就完成了。

四、购买商品

购物车里的商品是用户经过挑选后放入的,在购物车里选择要真正购买的商品,开始进入购买流程。

第三章 网上购物

　　首先确认购买的商品，别选错了商品，其次看看购买的数量是否正确，数量的两边有加减号，如果要多购买则点击**加号**，要少购买则点击**减号**。在购物车里可以选择多个商品一起结算。全部确认好后，点击"去结算"。

　　在结算页面，首先确认的是送货地址，看看地址是否正确，也可以新增一个送货地址，输入联系人姓名、地址、手机号等信息就可以新增地址了。

　　送货地址确认后，选择支付及配送方式。支付方式包括**在线支付**和**货到付款**，如果没有开通**在线支付**，那么就选择**货到付款**。配送是可以指定配送时间的，根据用户在家的时间请京东在指定的时间段里送货上门。

　　这些都确认好后点击"提交订单"。如果选择的是货到付款，那么购物流程就完成了，只要在家

等着商品送到家后支付货款就行了。

如果选择的是在线支付，那么下一步就进入支付环节。在线支付包括银行卡、支付宝、微信等多种支付方式。选择支付方式，根据提示输入支付密码后，完成支付。

购买商品后，可以点击页面最右下方"我的"查看订单详情。

点击"待收货"，可以查看购买的商品的物流信息。点击"待评价"，里面是已购买的商品列表，可以对这个商品包括物流等进行评价，评价对于后面要买同样商品的其他人来说很重要哦！

如果买到的商品不符合要求，可以点击"**退换/售后**"，根据里面的要求写下退换的理由，并附上佐证的照片等，就可以由京东售后来帮助处理商品的退换了。

网上购物很便捷，在可靠的网上商城购物，买到的商品质量或者售后服务还是有保证的。类似京东商城的网上购物商城还有很多，包括"天猫商城"、"唯品会"、"苏宁易购"、"亚马逊"等，其操作也是大同小异的。

第四章　支付宝

支付宝是一个第三方支付平台，从最开始只应用于淘宝网，到现在应用于各行各业，不论线上线下的消费行为，都可以通过支付宝来完成，它凭借极高的信用度和极广泛的应用度，已经成为现代智能生活不可缺少的一部分了。它为人们带来极大便利，已经成为日常消费的"支付钱包"。

一、注册与登录

支付宝是个有资金来往的平台，它需要一个专属的安全账号，现在我们就来一一了解。

第四章 支付宝

- 第一步：打开手机"支付宝"，在跳出来的页面中，点击注册，然后根据页面提示，输入常用手机号码，进行注册。并根据提示完善登录密码等信息。

- 第二步：注册完成后，即可进入登录页面。系统会自动显示用户的账号，在密码框中输入自己设置的登录密码，点击"登录"，即可登录。（也可以选择用短信验证码来登录，输入手机号，点击"获取验证码"，等待支付宝给用户手机发送的短信，收到短信后，输入上面的验证码，点击登录就可以了。）

【补充】

支付宝使用需要绑定银行卡，因此在注册时注意使用的手机号码最好是用户办银行卡时留的手机号，以方便之后的操作。

二、银行卡绑定和解绑

（一）绑定银行卡

第一步：进入支付宝，点击屏幕右下角"我的"图标，进入个人主页，在这里可以看到个人账户的信息。点击"银行卡"选项。

第二步：进入后，点击"添加银行卡"或者右上角"+"号，然后在跳出的页面中输入银行卡号，手机号。并点下一步。办理该银行卡的手机必须与支付宝注册手机号码一致，否则不能继续进行。

第三步：用户会收到一个手机短信验证码，准确填入，并点击"下一步"，出现银行卡信息后，即绑卡成功。

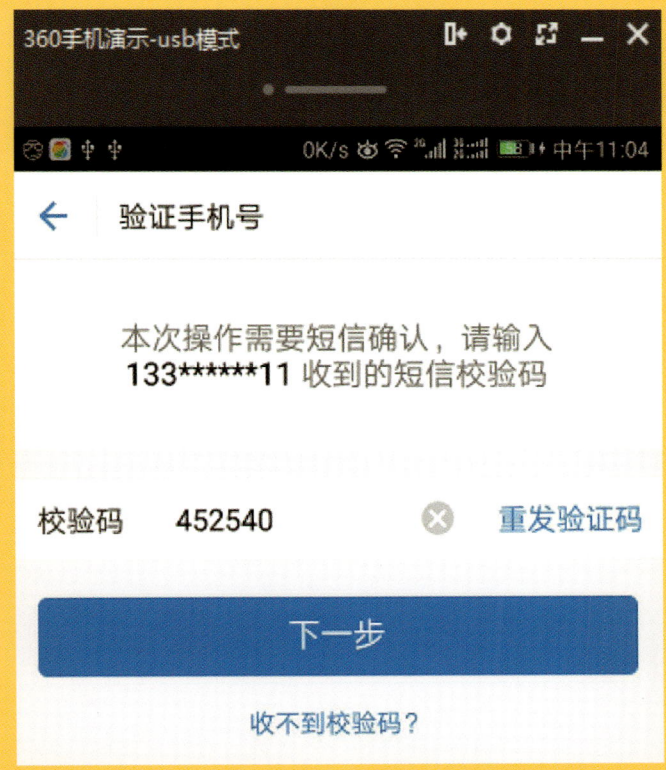

（二）解绑银行卡

支付宝的银行卡可随时取消或添加，接下来我们看看如何解除绑定。

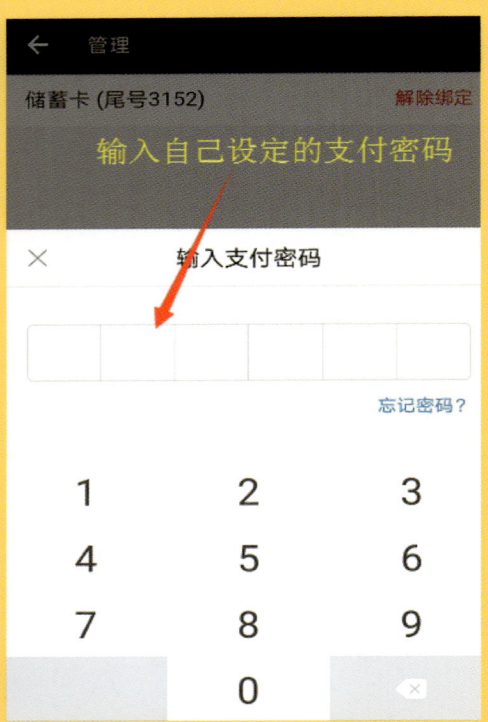

第一步：打开支付宝，进入"我的"——"银行卡"。选择要取消的银行卡，点击。

第二步：进入后，在页面中点击左上角的"齿轮"形状处。

第三步：在弹出的页面中，点击"确定解除绑定"。

第四步：在跳出的页面中输入自己设定的支付密码，银行卡即自动解绑。如你不放心，可回到银行卡页面进行查看确认。

三、充值与取现

（一）余额的转入和转出

余额是支付宝账户中没有利息的现金存放处。余额可以随时充值和提现。余额的充值和提现是与绑定的银行卡相关的，可以由捆绑的银行卡向支付宝余额中充值，也可以从支付宝余额中转出现金至捆绑的银行卡。

第一步：打开支付宝，进入"我的"页面，然后点击"余额"。

第二步：在余额页点击充值或者提现，然后根据提示操作。

（二）余额宝的转入和转出

从支付宝"我的"页面进入"余额宝"，点击"转入"或"转出"后输入金额即可。余额宝是一种理财方式，有收益。

四、转账与支付

（一）支付宝转账

第一步：打开支付宝，在首页点击"转账"。

第二步：在"转账"界面，有三种方式转账，选择其中一种，点击进入下一页，根据提示操作即可。

> 【补充】
>
> 转账可以选择是从用户绑定的银行卡，还是余额宝或余额中进行转出，请根据自己的情况选择。

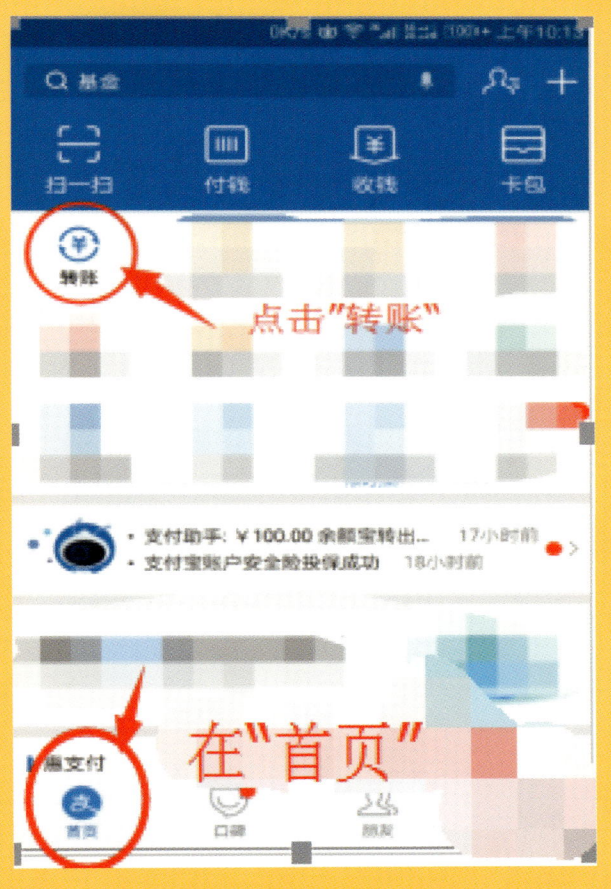

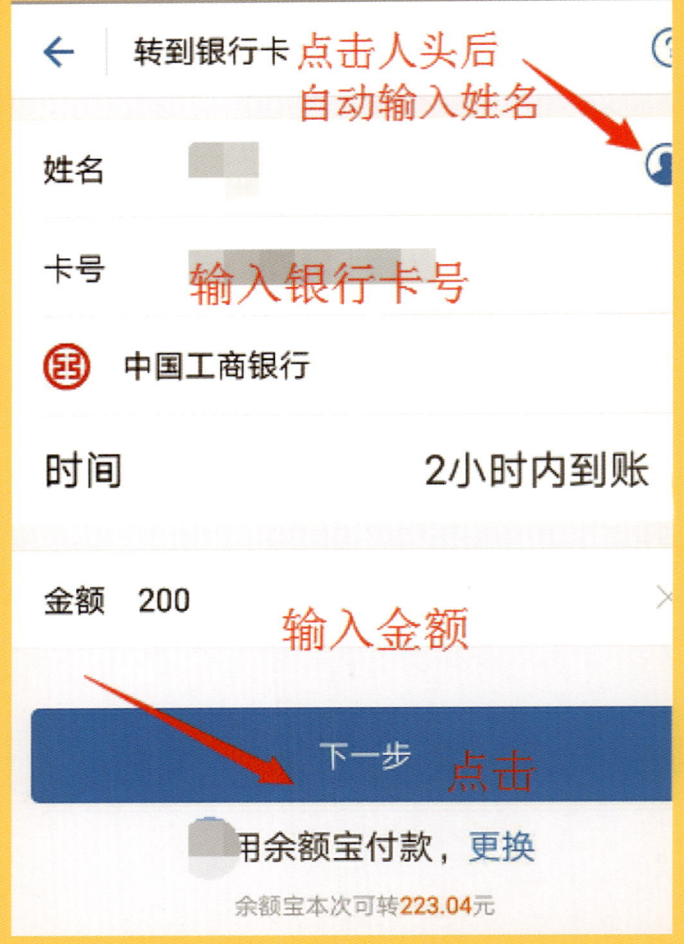

（二）支付宝支付与收款

用支付宝可以支付或收款。

用支付宝支付，可点击首页上的"扫一扫"或"付钱"即可。

支付宝的收钱功能可以向支付宝账户、微信、QQ朋友收款，收款时出示自己的收钱二维码即可。

操作步骤：

【支付】

打开支付宝，在首页点击付钱，则会出现支付二维码，出示支付码支付，由商家扫描用户的二维码即可支付。

或者点击"扫一扫"扫描商家出示的商家收钱二维码进行支付。

【收钱】

打开支付宝，在首页点击收钱，出示收钱码进行收款。

五、查询账单及收支详情

支付宝日常使用非常方便，但是我们如何知道自己的收支情况呢？这时候我们就需要看看账单，了解明细账目。

第一步：打开支付宝，在"我的"界面，点击"账单"。

第二步：在"账单"界面，可以看到所有收支的情况。你也可以按月查看。

第三步：点击进入每笔账目，可以看到更详细的信息。

六、添加好友

　　支付宝添加好友功能主要是便于支付宝朋友之间相互收支转账。

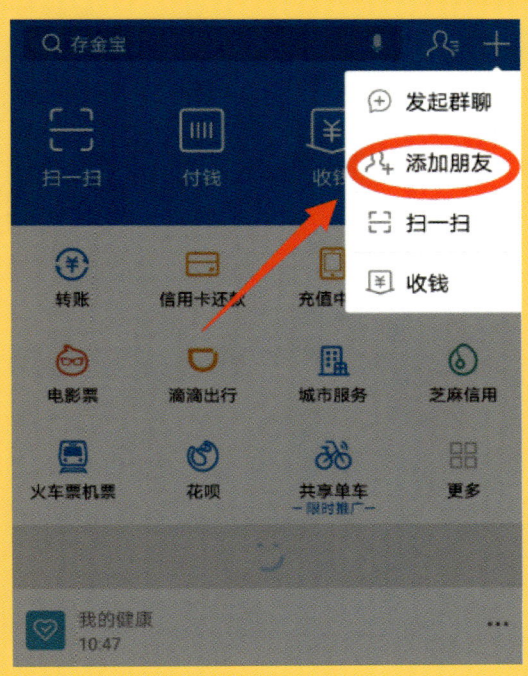

操作：点击首页右上角"+"号图标，可通过搜索好友账号、关注手机联系人或二维码等方式"添加朋友"。

转账给朋友：点击首页右上角人形图标，即可进入"通讯录"页面，在这里用户可以看到所有的好友列表，点开好友，即可跟好友进行对话，查看信息，转账等。

七、简单理财

（一）余额宝理财

支付宝可以进行简单的理财，最常见的是余额宝。余额宝是一种比较稳健、风险较低的理财方式，可随取随用，灵活计息。

（二）蚂蚁理财

支付宝上还有一种理财方式，叫蚂蚁财富。有多款理财产品，风险和收益各有高低，你可以根据自己的情况，谨慎选择。切记"投资有风险，交易须谨慎"。

打开支付宝，进入"我的"页面，打开"蚂蚁财富"，即可进入理财页，该页面会有多款理财产品，请仔细了解产品风险。选择产品后，点击产品，根据提示购买即可。购买后可在资产页查看。再次提醒谨慎选择。

八、芝麻信用及第三方服务

（一）芝麻信用

支付宝的芝麻信用，是一个信用评估体系，它主要通过数据评估一个人的信用状况。目前芝麻信用已经应用非常广泛，它让人们体验到信用带来的价值。

操作步骤：

第一步：进入支付宝，在"我的"界面中找到"芝麻信用"。

第二步：打开"芝麻信用"页面，可看到自己的信用等级得分。并且可以看到一些精选的服务。用户在支付宝上的所有行为都跟用户的信用息息相关。

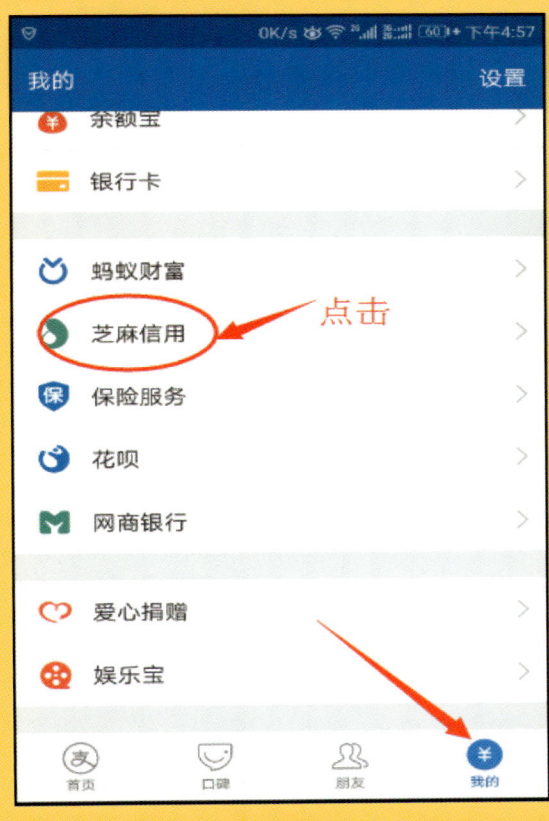

（二）第三方服务

支付宝作为第三方支付平台，对接了很多服务，这些服务在支付宝首页都能看到。支付宝上的服务大多由独立服务商提供，支付宝只是一个纽带作用。目前已经提供有出行购票、电影娱乐、城市生活、金融等服务。详情请见手机支付宝首页。

后 记

今年父亲节，一则短视频在朋友圈里疯传，视频里退了休的父亲到处去应聘，只为了一个简单的目的：跟着时代"进修"一下，再次做一个跟得上时代的老爸，成为女儿心中永远的"超人"。女儿长大了，好久没"麻烦"老爸了，不需要爸爸那个过去的"超人"了。老爸燃起了多看看年轻人的世界、多学学的念头，就是为了让女儿能够多需要老爸一些。"我们的独立是爸爸的骄傲，但我们的依赖是爸爸这辈子都不想脱掉的小棉袄。"片尾的这句话触动了我。我们真的应该做些什么，让老人家们能够不再为路边拦不到出租车、不会用PAD点菜等烦恼了。科技的进步和信息化的便捷理应惠及老年人群。

"老小孩"智能生活丛书就是帮助老年人掌握基本的智能手机应用。其实智能手机并不难学，只要克服了心理障碍，多练练，很快就能上手的。就如年近九十的南京路上好八连第一任指导员王经文所说，耐心点学，学会了上网，世界就在你的眼前。真心希望这套丛书能带领老年朋友走进数字生活，让老年人都能跟得上时代，让子女们再次为爸妈而骄傲。

编写这套丛书的过程其实很辛苦，常常熬夜。我不由得想起十几年之前我父亲吴小凡不辞辛劳为老年人编写《中老年人学电脑》和《中老年人学网络》两套丛书，最终因积劳成疾过早离开了我们。我也想以这套丛书来告慰我父亲的在天之灵，谢谢您创办了老小孩网络社区，谢谢您给了我坚持十八年为老服务的力量。

2018年6月24日